AF610257

PARIS

CAPITALE DE LA FRANCE

RECUEIL DE VERS

COMPOSÉS PAR

NGUYEN-TRỌNG-HIỆP

dit Kim-giang, Văn-minh-điện Đại-học-sỹ

Commandeur de la Légion d'honneur

HANOI

IMPRIMERIE TYPO-LITHOGRAPHIQUE F.-H. SCHNEIDER

1897

PARIS
CAPITALE DE LA FRANCE

PARIS

CAPITALE DE LA FRANCE

RECUEIL DE VERS

COMPOSÉS PAR

NGUYEN-TRỌNG-HIỆP

dit Kim-giang, Van-minh-diện Đại-học-sỹ

Commandeur de la Légion d'honneur

HANOI

IMPRIMERIE TYPO-LITHOGRAPHIQUE F.-H. SCHNEIDER

1897

文明殿大學士永忠子金江阮仲合著

大法國玻璃都城襍詠

河內印書館印行

I

Clovis fonda un Etat puissant sur des bases très solides.

Il y a plus de mille ans, dans cette contrée si belle et si riche.

Notre mission y est arrivée juste au printemps, quand l'air est précisément bien doux.

Dès ma descente de voiture, je me fais un devoir de chanter l'illustre capitale.

La description géographique du « Dinh-hoan-chi-luoc » dit : « La capitale de la France, bâtie sur les bords de la Seine, est la plus belle ville de l'Europe ». Pendant mon séjour dans cette ville, j'ai pu voir, par moi-même, sa prospérité, sa grandeur et sa beauté. J'ai facilement constaté que l'auteur chinois n'avait rien exagéré.

J'aurais désiré vivement consacrer un long poème à l'illustre capitale, mais occupé des travaux de la mission, je n'ai pas pu me livrer au seul plaisir de faire de la poésie ; je me borne donc à reproduire en trente-six quatrains les impressions que j'ai éprouvées au cours de mes promenades à travers Paris.

其一

哥羅立國振雄圖　千有餘年富麗區
使節正逢春氣暖　停車端合賦名都

瀛寰志略佛郎西都城在塞納河歐羅巴都會之盛推為第一余來使見其蕃庶鉅麗前志所紀良然意欲賦之而方有使務非專事吟咏文鈍筆不能為長篇大幅隨所遊歷輒以截句紀之得三十六首西曆以三月二十日即南二月十四日為春首使節於西四月初七日至玻璃都城是當春初氣漸温和

II

Des palais et des hôtels magnifiques reposent leur superbe toiture dans la voute azurée.

Comme un ruban d'argent un fleuve aux eaux lustrées coule à travers la ville.

Il y a des promenades charmantes qui éveillent aux voyageurs des élans virils.

Toutes les nuits des milliers de lumières brillent entre les vingt-quatre ponts.

La Seine coule du sud-est au nord-ouest, en traversant la ville ; elle est profonde, large et limpide. Sur les quais sont élevés des palais, des hôtels et des habitations de plusieurs étages ; ces quais sont reliés entre eux par vingt-quatre ponts en fer ou en pierres. Aux approches de la nuit des lumières resplendissantes reflétées par la rivière, donnent un aspect féerique.

其二

城闕參差倚碧霄　銀流一帶水迢迢
幾多遊賞增豪氣　夜夜燈光廿四橋

蓮河自東南經城中轉流至西南而出深厚清徹瀛寰志畧所謂塞納河也兩岸樓閣層疊架鐵石橋二十有四入夜燈光上下通紅殊增勝槩

III

De tous côtés la circulation des voitures dans les rues soulève la poussière en une sorte de brouillard irisé.

Des défilés ininterrompus des promeneurs vont et viennent sans cesse.

Cette animation rend l'air chaud, on doit avoir besoin des douches (ou remèdes réfrigérants).

Heureusement il y a des milliers de fontaines dont l'eau jaillissante rafraîchit l'atmosphère chargée.

Dans la ville, sur des places publiques, on a ménagé des bassins : une colonne centrale en bronze, au milieu de chaque bassin, est entourée de dauphins et de sylphides, également en bronze. L'eau jaillit du sommet de la colonne centrale, s'élève à une hauteur de quelques mètres, se répand sur tout le contour et est renvoyée en l'air par les dauphins et les sylphides, sous forme d'une pluie très fine, qui rafraîchit l'atmosphère chargée et procure aux voyageurs une sensation de fraîcheur délicieuse et dans le cœur et dans les yeux.

其三

四望車塵滾地紅　遊人絡繹九衢中
煩襟擬借清涼散　百道飛泉寫遠空

城中諸通衢各擇地鑿圓池中立銅表環以人物之狀水從表尖噴上高數尺布散四出周圍亦皆有機吐水如百道瀑布交飛當煩熱眞望之爽人心目

IV

Que de jolies maisons, que de beaux hôtels, se suivent et se lient en longues chaînes.

Au coucher du soleil le bruit des voitures gronde encore.

Soudain, on est surpris de voir les étoiles tombées de l'espace.

Car des milliers de lumières brillantes viennent empêcher l'effet des ténèbres de la nuit.

La nuit, les rues et les places publiques sont éclairées à la lumière électrique, comme le sont aussi tous les édifices et maisons riverains, dans tous les étages ; ces lumières traversant les rues en tous sens et se renvoyant leur vif éclat, produisent l'effet des astres lumineux du ciel.

其四

複閣層樓遠接連　夕陽車馬尚喧闐

忽疑星斗空中落　萬盞燈光不夜天

入夜街衢燃電氣燈兩邊樓閣重重亦皆燈火輝煌

街道縱橫燈光互照爍若星斗

V

Des habitations de six à sept étages se joignent sans discontinuité.

Le sous-sol est encore ménagé en compartiments.

C'est pour loger les habitants qui s'agglomèrent en foule immense.

Et pour renfermer les richesses que l'industrie et le commerce produisent dans de vastes proportions.

Dans la ville, des habitations sont hautes de six à sept étages, il y a encore des sous-sols de deux et quelquefois trois étages. Cela explique que la population est trop dense, et que le terrain coûte trop cher, on est obligé de construire des habitations si hautes et si profondes.

其五

六七層樓叠粉牆　堂基缺地又分房

祇緣繁聚成人滿　生計營營廣蓋藏

城中列屋建樓至六七層其下又缺地爲房一二重有至三重者由人滿不能容地又極貴故營室重叠如此

VI

On a recueilli des pays lointains tout ce qui est de beau
et de rare des règnes animal et végétal.

Tout est placé selon qu'il convient à chacun, dans des
galeries chauffées ou des serres fraîches.

C'est ici qu'on trouve les trente-six jardins enchanteurs des
immortels.

Où l'on n'a jamais vu l'automne ni tomber les feuilles.

Le Jardin d'Acclimatation est situé du côté nord-ouest de Paris ; il renferme des productions de tous les pays du globe, de beaux oiseaux, des animaux rares, des arbres curieux et des plantes précieuses. Ceux qui supportent mal le froid sont installés dans des galeries où se maintient une température toujours tiède comme l'air du printemps. Dans les serres coulent des eaux limpides dans des ruisseaux artificiels. On y voit des plantes des pays tropicaux ; il y en a plusieurs espèces, toutes sont riantes et fleuries, les feuilles ne jaunissent pas. Cela prouve qu'on les soigne avec un art consommé.

其六

殊方動植集珍奇　燠館涼臺位置宜
合是洞天三十六　九秋搖落未曾知

耶丹多碁離麻些貫叙園譯言令別國動植諸物服水土在城西北門外迤東南諸國動植諸物珍禽奇獸嘉卉異木充牣其中其不耐寒者爲暖室以温之常如春氣有玻璃廠殿連中引清渠植南方草木如綠含狀內無所不備青葱秀茂花開爛然無黃落者蓋培壅之精也

VII

A partir de l'Inde, vers l'Europe, le climat est bien changé.
On ne voit que des fleurs curieuses et des plantes neuves.
On est surpris dans ce pays de vent glacial et de froids intenses,
De rencontrer notre « sage » qui reste droit et vert.

Au Jardin d'Acclimatation et dans la serre il y a huit ou neuf touffes de bambou d'une verdure charmante. C'est pour la première fois que j'ai retrouvé cette plante depuis que j'ai quitté l'Inde.

Le bambou droit, vert, articulé avec une certaine mesure, est pour les Chinois l'emblème du sage ou de l'homme droit, constant et mesuré dans ses actes et ses paroles.

其七

印度西來氣候分　奇花異卉漫繽紛

却驚風雪凝寒裏　獨立青青見此君

多壽離麻些賁翕園玻璃廠中有竹八九叢青翠可愛

自度西來至是乃見之

VIII

Du côté ouest de la ville se voient un bois charmant,
Des coteaux riants et des arbres verdoyants,
Des lacs, et, au delà, s'ouvrent deux champs de course.
Est-ce ici la chasse de Truong-duong (1).

Le Bois de Boulogne est un des plus grands bois dans les environs de Paris. Des coteaux riants et des arbres verdoyants offrent à la vue un charme infini. En dehors de ce Bois se trouvent deux champs de course.

---

(1) Truong-duong, nom du champ de course créé par l'Empereur Thanh-dê, 32-6 avant l'ère chrétienne, de la dynastie de Han.

其八

城西葱蔚見林塘　晻暎山光雜木蒼
湖外更闘馳馬埒　欲將校獵賦長楊

嘜花喇度如園喇度如皆名以之名園是爲玫瑰坡

大園林山光樹色蒼翠萬狀林之外爲賽馬場二所

IX

Une immense maison ouverte sur tous les côtés

Le Résonnant du murmure des flots d'acheteurs et des milliers de marchandises dont la splendeur incomparable trompe les yeux.

On croirait voir le « Marché de mer » (1) transféré au milieu de la Capitale.

Il y a à Paris trois grands magasins dont le Bon-Marché est certainement le plus important.

Une grande maison très haute renferme des monceaux de marchandises, servies par plus de quatre mille employés. Il est abondamment pourvu de tout. Le magasin est éclairé à la lumière électrique ; tous les jours il est bondé d'une foule considérable d'acheteurs dont le bruit des voix se fait entendre au dehors comme le murmure des flots. On y voit de magnifiques soieries, des belles étoffes et des objets précieux qui éblouissent les yeux.

---

(1) D'après la légende chinoise, lorsque les nuages de couleurs s'accumulent à la surface de la mer, on dit que ce sont les Immortels qui viennent tenir leur marché, on appelle cela Hai-thi ou Marché de la mer. L'auteur compare ce magasin au marché des Immortels.

其九

巍然巨宅戶西東　人湧潮音萬貨同
怪底陸離光不定　移來海市大都中

玻璃城三大戶芃麻尺公司爲第一厦樓複閣萬貨山積無所不有司事執役凡四千二百餘人用電氣燈亦數千盞每日來市者趾相屬堂戶常滿人聲如潮湧其中錦繡珍奇光怪耀目

X

Des hommes célèbres de tout temps dont la mémoire est déjà conservée dans l'histoire,

Se tiennent encore debout au milieu du Ciel, beaux et majestueux.

Xi-di est certainement digne d'une statue d'or (1),

Afin que, dans mille ans, sa contemplation perpétue son souvenir.

Sur la plupart des boulevards se voient des statues des hommes célèbres du passé. Ces statues sont placées soit sur des monuments publics, soit sur les sommets des tours ou dans des niches pratiquées sur ces édifices. Elles sont en bronze ou en beau marbre.

(1) Xi-di, nom de Pham-Lê. C'est un homme célèbre qui a vécu à l'époque de l'empereur Châu-oai-Liêt, de 425 à 401 avant l'ère chrétienne. Il avait rendu des services signalés au royaume de Viêt. A sa mort, le roi de Viêt fit élever en son honneur une statue en or.

其十

先後名人史並垂　半空屹立勢離奇

鴟夷端合黃金鑄　千載摩挲繫遠思

通衢處處立先代名人像基高十數尺或於塔尖及樓端立之像鑄銅爲之亦多用美石雕刻者

XI

Un génie colossal avait voulu traverser le monde avec ses millions d'hommes.

Ses armes avaient fait trembler la terre toute entière.

Devant le superbe Arc de Triomphe et les sculptures qui représentent admirablement les scènes militaires,

On croirait assister aux batailles de cette époque glorieuse.

L'arc de triomphe se trouve dans la ville de Paris, du côté Nord-Ouest ; il a été élevé par Napoléon Ier. Celui-ci montait sur le trône en 1804. Homme de génie, laborieux, actif, il combattait pendant plusieurs années les autres puissances. Il aurait voulu conquérir le monde entier.

其十一

十萬方行志氣殊　兵端四起動寰區

巍峨不關窮雕鏤　如見當年戰陳圖

武功坊在城中西北初法主拿破崙第一於一千八百四年即帝位英敏雄武連年與諸國構兵欲以威力勝天下

XII

Un magnifique palais spacieux construit en belles pierres de taille.

C'était l'auguste demeure des anciens rois, me dit-on.

Il abrite maintenant des milliers de particuliers.

En le regardant on comprend quelles étaient les ressources et la grandeur du pays qui permettaient de le construire.

Ce palais, situé sur la rive droite de la Seine, est appelé Palais-Royal. Depuis 1872, le Président de la République, proclamée alors, avait fixé ailleurs sa résidence ; ce palais a été loué aux particuliers ; les commerçants y tiennent des boutiques ; les promeneurs peuvent y circuler librement, telle est la fusion des intérêts de l'Etat et des particuliers.

其十二

白石巖巖棟宇崇　靈光傳是舊王宮

遺規還作千人庇　想見當年國力雄

前王宮在蓮河北岸名巴黎惜江譯音王宮自一千八百七十二年立共和政治監國別營署館是宮以爲公所聽國人陳貨物其中游觀往來不禁蓋與人民共之也

XIII

Un vaste jardin renferme de grands bâtiments orientés dans toutes les directions.

Il contient des animaux rares et des oiseaux précieux originaires des pays lointains.

Dans les étages supérieurs du Muséum se trouvent des squelettes de toutes espèces pour la plupart fort étranges ;

En les voyant on éprouve une sensation d'horreur, les cheveux se dressent sur la tête.

Le Jardin des Plantes, situé sur la rive gauche de la Seine, occupe une superficie de quelques centaines de mâu. Il renferme de beaux arbres, des oiseaux précieux, des animaux rares, des poissons et des reptiles, enfin toutes les espèces dont plusieurs nous sont inconnues.

Dans le Muséum se voient des squelettes humains et d'animaux de toutes les espèces. Les parties en sont reliées par des fils de cuivre. Chaque squelette porte une étiquette indiquant son nom et le nom du pays originaire. On a trouvé dans la terre des squelettes enfouis depuis des milliers d'années ; quelques-uns sont sur le point d'être pétrifiés ou incrustés sur des pierres. Les savants disent que les hommes de tous les pays appartiennent à de différentes races, et que ceux du temps ancien ne ressemblent guère à ceux d'aujourd'hui. Telle est l'exactitude des preuves fournies.

其十三

周迴廣圃列堂皇　異獸珍禽自遠方
更歷層樓窮異狀　竦人毛骨費平章

聊丹提巴凌園在城中西南譯言樹木園也數百畝樹木森秀集珍禽奇獸及蟲魚諸物多不知名又建層樓列人物諸骨以銅綫串之各國皆備均有標題有必得於地中不知幾千年人骸朽於石併取出者考究者言各國土人類不同厥初生民亦與今人大異其晰理如此

XIV

Le feuillage touffu de mille branches entrelacées donne des ombrages charmants.

De fins gazons, doux comme des tapis, bordent des fontaines aux eaux limpides.

Tous les jours y viennent sans cesse de nombreux promeneurs ;

Et, lorsque le soleil darde ses rayons obliques, moment où souffle une légère brise, les cochers contiennent le mouvement de leurs fouets.

Le jardin est appelé Jardin du Luxembourg ; c'est un endroit délicieux, planté de beaux arbres ; il est situé près des boulevards, ce qui attire de nombreux promeneurs.

其十四

千章綠樹蔭交叠　細草如茵帶碧濃
盡日游人渾不斷　輕風斜駐郊鞭穩

瞻侵哺園瞻侵哺是人名以之名園
草樹青翠近在交衢之中遊者甚衆

XV

A une portée de flèche, du côté Est de la ville, se trouve
un bois ayant l'aspect d'une forêt.

Parsemé de ruisseaux charmants, de parterres fleuris et
d'allées ombragées,

Au milieu d'une capitale aussi mouvementée et prospère,
où les yeux contemplent à satiété le spectacle
des voitures poudreuses,

On est surpris d'être soudain transporté, comme dans un
songe très agréable, sur le mont de La-phu (1),
(ou olympe chinois).

C'est du Bois de Vincennes que je veux parler. Il y a des eaux, des bocages ombragés, et des sentiers bordés de pierres conduisant en zigzag sur de jolis monticules. C'est un lieu délicieux offrant l'aspect d'un site agreste.

---

(1) La-phu, nom de la montagne enchanteresse, séjour des Bouddhas.

其十五

城東一簇別林邱　水遶花環石徑幽
滿眼車塵繁麗地　忽驚淸夢到羅浮

唆𣲘員吁園女員吁女是省名水木幽雅
中有小山石徑盤旋殊有林壑之致

XVI

Les statuaires et les portraitistes ont la tâche autrement ardue d'évoquer des hommes antiques.

Croirait-on que l'aptitude et le travail peuvent conduire à ce point culminant du génie.

Si l'on réussit à reproduire parfaitement des choses incorporelles et délicates comme le reflet de la lumière,

On parvient encore à rendre exactes les passions du cœur humain.

Je parle ici du Musée du Luxembourg, dans lequel se voient des statues en marbre et des peintures qui sont travaillées avec un art infini. On arrive à reproduire la lumière reflétée par les vagues ainsi que le souffle du vent : ces tableaux sont si naturels qu'en les regardant on croirait avoir devant soi des paysages véritables.

其十六

圖像殊難起古人　豈知能事更通神

直窮光影無形外　猶恐心情寫未真

康偕盧佛哺院評賞圖像陳石像及諸圖畫

窮神盡相設影風聲幾疑置身其間

XVII

Sur le fronton de la porte sont inscrits ces mots :
Aux Grands hommes la Patrie reconnaissante.

Ce monument est vaste, haut et imposant.

Dans l'intérieur se voient des peintures murales et des statues représentant des grands hommes du passé.

A mon regret, ma traduction de l'Histoire de France n'est pas bien courante pour que je puisse comprendre toutes les scènes représentées.

Le Panthéon est construit en belles pierres de taille. Dans l'intérieur se voient des peintures murales représentant des grands hommes du passé. Ces peintures sont si bien faites qu'elles représentent parfaitement toutes les phases de la vie de ces grands hommes. Cependant je regrette vivement que l'Histoire de France ne soit pas assez courante pour que je puisse comprendre toutes les scènes représentées.

其十七

門枋標題重報功　巍然高宇勢穹隆
丹靑四壁森圖畫　外史難通讀未窮

氷原翁院譯言功烈造以美石四壁丹靑燦然寫上古以來有功烈諸名人事蹟如其本傳惜緇譯難通未能盡讀也

XVIII

a ville est traversée dans tous les sens par des rues nombreuses.

y a encore des chemins souterrains rayonnant dans toutes les directions.

n parcourt ces égouts dans des voitures au roulement si sourd qu'on croit en entendre de bien loin.

n est surpris d'y trouver des perles lumineuses du Palais de Giao-cung (1).

Au-dessous des boulevards il y a des chemins souterrains rayonnant ns toutes les directions. Les plus grands sont longs de quelques omètres. Dans certains endroits on est allé en voitures; dans d'autres, barques. Ces véhicules sont construits d'une façon spéciale pour re le service. On y voit des grandes conduites d'eau en fonte et des aux télégraphiques. Au fond des égouts on a ménagé des canaux ns lesquels coulent les eaux sales; sur les parois sont suspendues des npes électriques incandescentes qui brillent comme des perles.

---

1) Giao-cung, palais du poisson giao. D'après la mythologie, le poisson neure dans le fond de la mer, il a la forme humaine, il apparaît souvent sur terre, sous la forme d'une jeune fille, très belle, pour faire des achats de ries. En quittant ses vendeuses, il verse des larmes qui se transforment en- e en perles fines.

其十八

長街輻輳八方同　隧道縈迴又四通

轆轆車聲來漸遠　珠光的皪訝蛟宮

諸街衢之下爲隧道四通八達大者高廣幾丈餘可容車船多置鐵筒引水及設電氣其下又爲溝以洩濁水車行其中兩邊電氣燈如珠光閃爍眞奇觀也

XIX

Dans ce vaste monument sont classées, avec ordre, des armes,

Perfectionnées chaque jour par les progrès des études approfondies.

Une bonne part en sont si anciennes et si curieuses,

Que l'on trouve difficilement des noms pour les désigner.

L'immense Musée d'artillerie comprend quelques dizaines de compartiments renfermant des armes et des armures de tous les pays et de toutes les époques. Quelques-unes sont si curieuses et si inconnues que l'on les nomme difficilement. Chacune d'elles porte une étiquette indiquant la date de fabrication afin de faciliter la recherche des savants.

其十九

大院分儲武庫兵　極心推究日彌精
製從歷古多奇詭　欲辨和弓總莫名

阿繇餘喚院譯音藏古器械延迴數十間蒐歷古豪甲兵仗併列諸國兵器製甚奇詭莫能名之各標題世代以資稽考

XX

Sur le grand boulevard s'élève un magnifique théâtre.

Dans l'intérieur, la dordure et la peinture brillent d'un vif éclat sous l'influence des milliers de lumières.

On entend des artistes qui chantent très bien, et surtout de fort jolies danseuses.

Semblable aux fées qui jouent la pièce de Nghê-thuong dans le Palais de Quan-han (1).

Le Grand-Opéra est un bâtiment très beau et très vaste, il est entièrement construit en belles pierres de taille. La construction devait durer plusieurs années. C'est le premier théâtre de Paris. Sa hauteur égale à celle des maisons de sept étages ; ses décorations intérieures, peinture et dorure, sont superbes et brillent d'un éclat merveilleux. Sa beauté peut rivaliser avec celle des palais des rois. Son Excellence M. le Président de la République avait invité la mission à assister à la représentation, nous avons pu voir des artistes charmants qui chantent très bien et surtout de fort jolies jeunes filles qui dansent d'une manière fort gracieuse.

---

(1) Nghê-thuong, nom de la pièce de musique ; Quan-han, nom du palais situé dans la Lune. A l'époque de Duong (Tang en chinois), sous le règne de l'empereur Minh-hoang, qui régnait de 713 à 756, vivait un magicien très habile. Tous les miracles lui étaient permis : Voulant faire voir la lune à l'empereur, un pont créé par sa puissance leur permit de monter jusque sur la planète. L'empereur et le magicien arrivèrent devant la porte d'un beau palais, au fronton duquel se lisent trois caractères : Quan-han-cung, palais de Quan-han. Les deux voyageurs pénétrèrent dans le palais où il fait très froid ; ils virent arriver une foule nombreuse de fées merveilleusement parées, dansant et chantant d'une manière gracieuse. Au retour de son voyage, l'empereur fit composer la pièce de musique intitulée *Nghê-thuong-vo-y*, très estimée de cette époque.

其二十

臨街歌舞起崇堂　金碧交輝萬燭光

第一登場紅粉隊　廣寒宮裏奏霓裳

蘆碑耶歌館基袤一萬二千正方尺選美石興造歷年始成爲玻璃城第一高樓

七層穹窿宏大金碧輝煌略於王宮埒 監國命延使部觀劇伶人裝扮歌曲甚佳

齣中有女弟一隊魚貫爲旋風舞尤奇妙

XXI

La France, renommée à l'extérieur comme puissance militaire, s'occupe beaucoup de l'entretien de ses troupes.

Les soldats malades sont soignés avec sollicitude, et la science médicale est de plus perfectionnée.

Comment parvenir à appliquer cette science précieuse aux souffrances des nations,

Ce serait imposer silence aux cris de guerre dans les cinq parties du monde.

L'hôpital du Val-de-Grâce est un hôpital militaire, situé sur la rive gauche de la Seine, il occupe une superficie d'environ cinquante mâu; au milieu s'élèvent des bâtiments vastes; les officiers et les soldats malades y sont venus pour se faire soigner. Des médecins savants y sont nombreux. Il y a des salles spéciales affectées au laboratoire médical, on y conserve des cadavres des personnes décédées, des os et des intestins pour en faire des expériences; on élève des microbes pour en étudier les maladies causées par ces petites bêtes.

Derrière l'hôpital on voit un vaste jardin planté d'arbres ombragés, des bancs et des chaises. Les convalescents y viennent prendre l'air. Cet hôpital est certainement plus confortable et mieux entretenu que les autres de la ville.

其二十一

表海雄風重養兵　廣求鍼石術尤精

何如醫國恢長策　五土山河息戰鼙

養病院名榮多旗耶初譯言爲武官養病所在運河之北廣可五十畝中起堂宇凡官兵有病就此治療名醫集其中別爲醫室列人之骸骨臟腑以驗受傷之處又養微虫之在人身者以術得病之由一切醫術無不由盡院外爲園闢廣栽花木列以椅爲病者憩息遊賞之所視諸養病堂有加焉

XXII

Les maisons pressées les unes sur les autres imposent les précautions contre l'incendie.

On dispose de véritables trombes marines qui semblent soulever des tourbillons.

Si toutes les affaires du Gouvernement étaient ainsi prévues,

La paix règnerait dans le monde entier.

J'ai visité une des casernes de sapeurs-pompiers, située sur la rive gauche de la Seine. Elle a une hauteur de cinq étages. Des pompiers et des machines très perfectionnées sont toujours prêts à partir au premier signal.

En derrière du poste se trouve une grande cour de manœuvre.

Dès qu'un incendie se déclare, les pompiers sont avertis télégraphiquement et dans quelques secondes on les voit arriver sur les lieux avec une rapidité étonnante. Paris est divisé en vingt arrondissements, dans chacun il y a une compagnie de pompiers.

其二十二

比屋深防火燭災　水龍勢似捲雲趨
若教事事綢先戒　安作歌謳浹九區

救火局名華詞丹鋪貨唉在運河左岸起樓五層火夫常課戒救火諸器百般整巧無不備具樓後設為火夫練習之所嗣邑內火發一聞電報應手立辦頃刻已至無少遲蘇城中建邑二十各有救火局此其一也

XXIII

Une grande tour en fer, dont les pièces métalliques s'entre-croisent comme les fils d'une toile d'araignée,

S'élève en l'air, et offre un aspect étrange.

Je crois que le génie Truong-qua (1) même ne possédait pas dans ses entrailles une forge aussi outillée (que l'auteur de ce monument).

La tour de 300 mètres, située sur la rive gauche de la Seine, a été construite par M. Eiffel pour l'Exposition universelle de 1889. Elle est entièrement en fer et l'entrecroisement des pièces métalliques offre l'aspect d'une toile d'araignée. L'ingénieur a dû faire appel à toutes les ressources de son génie et de son activité pour entreprendre une œuvre si gigantesque.

---

(1) Truong-qua, nom d'un génie qui vécut à l'époque de Duong, sous le règne de l'empereur Minh-hoang, qui régnait de 713 à 756 de l'ère chrétienne. Ce génie savait, grâce à ses pouvoirs surnaturels, construire des bateaux en fer.

其二十三

層層直上纖蛛絲　鐵氣凌空塔勢奇

未信神仙張果老　胸中別自具爐錘

鐵塔最高計三百四尺在塞河南岸西曆　千八百八十九年鬥巧會法國埃番

所造用鐵條層架而上觀之如蛛網不可辨用精心經營遂成鉅觀云

XXIV

La vraie raison est de tout temps la plus impartiale.

Il faut « demander les avis des fonctionnaires aussi bien que des sujets » (1).

Aujourd'hui dans ce vaste palais où l'on approfondit les affaires d'Etat,

Je croyais voir l'institution antique se perpétuant encore, mais avec des progrès autrement grandioses.

Les deux palais, le Sénat et la Chambre des députés, sont vastes et somptueusement décorés. C'est que l'on y traite des affaires du pays. Or cela doit être bien important.

(1) L'esprit démocratique existait depuis bien longtemps en Chine ; d'après le livre canonique *Thi-kinh*, dans l'antiquité, lorsqu'il y avait des affaires importantes à traiter, on demandait toujours les avis des fonctionnaires en même temps que ceux des sujets. Cette vieille institution s'applique encore dans le Parlement français.

其二十四

理道從來本至公　詢謀紳士庶人同

細籌賡度深邦計　古法相沿日益崇

會同上下二院皆參獻巨費

蓋邦計所在以是爲重也

XXV

Les eaux sont bleues, les plantes roses ; l'aspect du soir
est charmant.

On se promène : « les grandes dames marchent ensemble,
suivies de petites dames ».

C'est un plaisir de trouver ici l'explication des vers de
Cô-dè.

Le passage du livre de *Nhac-phu* est certainement très
beau (1).

Les Français aiment la promenade ; tous les jours, le matin comme le soir, il y a toujours du monde dans les jardins publics.

---

(1) *Nhac-phu* est un livre de poésies chinoises, sorte de trésor poétique. Dans ce livre on lit cette phrase : « Les grandes dames marchent ensemble, suivies de petites dames ». En voyant les Parisiennes se promener le soir, l'auteur se rappelle la phrase qu'il avait lue dans le livre poétique de *Nhac-phu*, et dont il admire la beauté réalisée ici.

其二十五

碧流紅樹晚相宜　大婦同行小婦隨
却訝古題今得解　鐵崖樂府最堪思

泰西人喜遊賞每日早
晚城中園囿遊者相屬

XXVI

L'électricité est très étudiée ici et utilisée dans une foule d'industries :

Comme télégraphe, elle traverse les monts et les mers en un clin d'œil.

C'est un secret incrutable au monde profané, peu de personnes la connaissent.

Comme « don sa » (drogue d'immortalité des génies), dont la préparation exigeait la température du feu dix fois augmentée.

Le Grand-Hôtel des Postes et Télégraphes est situé sur la rive gauche de la Seine. Il est haut de cinq étages, et couvert de verre, pour éviter, m'a-t-on dit, les dégâts que pourraient produire les orages.

Dans les salles de ce bâtiment sont installés les divers appareils électriques utilisés en télégraphie. Les fils télégraphiques qui arrivent dans ce lieu sont en telle quantité que l'on croirait voir à l'entrée une agglomération considérable de toiles d'araignées tendues.

La communication télégraphique se fait au moyen d'une écriture spéciale. Récemment on a inventé des machines nouvelles qui écrivent directement les lettres ordinaires. Le sous-sol de ce bâtiment est réservé à l'installation des piles électriques. Cet endroit est surveillé avec soin par des employés. L'emploi de l'électricité n'est pas seulement limité à la communication des nouvelles, on l'applique encore dans l'industrie, pour l'éclairage, pour la galvanoplastie, dorure, argenture, etc...

---

(1) Don-sa ou ocre-rouge, remède immortel fabriqué par des génies. C'est une matière très pure. Pour la fabriquer il faut avoir le moyen d'augmenter dix fois la puissance du feu, afin d'obtenir la propriété de l'immortalité. Cette formule est mystérieuse, mais ne doit l'être guère plus que la manière de former l'électricité.

其二十六

究心電學用弘多　歷海踰山等咄嗟
奧妙此中誰識得　十分火候養丹砂

電報局名筆詞犀黎期埠肥在運河左岸起樓五層最上一層純龍玻璃四面通明云用以收雷下三層均為電報所電綫四布幾若蛛絲其法原用乩字今又捌為新法直作本字尤覺奇捷最下穴地一層為燒煤電氣之所各有人司之其機關甚巧不可思議電氣為用甚廣傳信之外日灼燈燭及鍍金運機造器凡事皆須之

XXVII

La France s'occupe d'une façon particulière de l'enseignement.

Depuis plus de trois siècles, cette sollicitude ne fait qu'augmenter.

De toutes les sciences, celle de la chimie est la plus cultivée,

Car elle permet d'examiner la combinaison de tous les corps, même ceux qui sont plus petits que le moindre brin de fil ou de cheveu.

La Faculté des sciences est un bâtiment fort beau, comprenant des salles vastes et aérées; elle a été construite sous François Ier. Depuis plus de 300 ans, l'enseignement que l'on donne dans cet établissement n'a fait qu'aller en augmentant. La bibliothèque renferme plus de trente mille ouvrages divers, sur la physique, la chimie, l'électricité et la médecine, etc... Chaque branche de ces sciences est enseignée par des professeurs spéciaux. On voit assis sur les bancs des salles des cours des gens déjà savants, déjà diplômés ou pourvus des fonctions publiques qui y viennent encore puiser des connaissances nouvelles. Ces élèves d'élite ne peuvent que continuer à augmenter encore de jour en jour le niveau des études spéciales que l'on y fait.

其二十七

國中教法愈加詳　三百餘年日益昌
最是精心窮化學　妙參萬有造毫芒

大博物教院名羅蘭耶唆余堂宇巍峨樓房曲折延亘溯自佛朗西斯第一至今三百六十有餘年教法愈加詳藏書數十萬冊電學化學醫學各有專師隨學者所執而授之又有已試中成舉人與需候仕者又就學以精其理生徒蒸蒸殆將日進也

XXVIII

Dans les montagnes, lorsque le tigre pousse des hurlements,
les arbres frissonnent et les feuilles tombent
comme en automne.

Et quand le lion rugit, tous les autres animaux tremblent
de peur.

Qui croirait que l'innocence est capable de morigéner
la brute,

Et qu'une jeune fille peut dompter ces bêtes fauves.

A Paris, dans le septième arrondissement, se trouve un Cirque où l'on fait jouer des bêtes féroces, des lions et des tigres. Une jeune fille de 17 ou 18 ans, très belle, richement habillée, ayant l'air robuste, entre dans la cage, tenant à la main une cravache ; elle fait sortir ces bêtes en les appelant par leur nom et les fait danser ; tantôt elle plonge la main dans la gueule du tigre ; tantôt elle se couche par terre et fait sauter les lions sur elle, ou coucher à côté. Ces animaux obéissent à tous les commandements de la jeune fille, il y a beaucoup de spectateurs dans ce cirque. Le dressage des bêtes féroces est encore une merveille.

其二十八

空山怒嘯滿林秋　一吼雄威更莫儔
誰識無心能化暴　偏教紅袖擅風流

城中第七邑有善馴猛獸者養熊虎獅五大頭一女子年可十七八服裝矯健執藤鞭入鐵欄隨所呼應聲而出行立盤旋皆視其指揮或以手探虎口或令獅子跳躍身邊爲戲無不如意來觀者取費西錢數枚以至暴能狎之亦一奇也

XXIX

A l'ouest de la ville se trouve une prison comme l'étoile chấp-phap du ciel (1).

Rien n'a été négligé pour éclairer la justice.

Oh ! que l'on nous rende enfin l'époque heureuse de l'âge d'or,

Où la Cour de justice vide de plaignants, devenait un herbage verdoyant.

La prison que j'ai visitée à l'angle sud-ouest de la ville est un immense bâtiment ; de hautes murailles l'entourent : une tour très élevée domine au centre. Une foule de corps de bâtiments y attenant rayonne dans toutes les directions à partir de ce point central. L'ensemble de ces constructions a l'aspect d'une étoile. Les criminels ou supposés tels sont arrêtés et internés dans cette prison ; ils subissent là les interrogations de l'instruction ; si l'innocence de l'accusé est reconnue, on le remet immédiatement en liberté. Si, au contraire, sa culpabilité est établie, il attend là son jugement pour être ensuite dirigé sur d'autres lieux selon la peine qui lui a été infligée et le nombre d'années que doit durer cette peine.

Dans cette prison où la discipline est très sévère, on n'est pas moins rempli de bienveillance pour les prisonniers. On peut y interner environ un millier d'individus et chaque personne sous les verrous trouve ce qui est nécessaire à ses besoins : la nourriture et le logement ; il y a une cellule particulière pour chacun. Une ou deux heures par jour, les gens internés vont se promener dans des jardins à l'intérieur de la prison. Cette mesure d'hygiène a pour but d'éviter les maladies qui résulteraient d'un long séjour dans les cellules. Des mesures sont prises pour empêcher les prisonniers de communiquer tant soit peu entre eux. La surveillance est organisée d'une façon si admirable que dix-huit gardiens suffisent pour tous les services de cette prison.

---

(1) L'étoile chấp-phap ou l'étoile de la justice. D'après la mythologie chinoise, l'étoile chấp-phap qui brille au centre du ciel est considérée comme la surveillance des autres constellations du firmament.

其二十九

深壁城西執法星　百般周備慎詳刑

何當再挽醇熙象　緑草春滋聽訟庭

監室城中西南名羅坡移容孫厥數十畝繚垣深固中起圓樓周圍建長廊直出狀如星體光芒四射泰西人凡圓體而有旁燄者皆謂之星武功坊名曰星意亦如此人犯初赴審押候於此至案成無罪者釋之餘隨輕重分送各所常繫千餘人各有別房飲食坐臥事事周備又於隙地栽植花草每日聽犯者遊玩一二辰以暢氣血免鬱結致病而其進止往來均設法以限之囚伴中從無能相交一言者所用獄卒纔十八人西國凡事皆極心思此亦可見也

XXX

Les machines à frapper les monnaies travaillent avec la vitesse du vent.

Quand elles fonctionnent, on croirait la réalisation du conte de pluie de pièces d'or.

On a réuni en une belle collection des pièces de toutes les époques ;

Quelques-unes rouillées, rongées, datent de plusieurs centaines d'années.

Dans l'Hôtel des Monnaies qui est situé sur la rive gauche de la Seine, on voit toutes sortes de machines servant à la frappe des pièces en or, en argent ou en bronze. L'hôtel, en plus des ateliers de frappe et des bureaux, comprend de vastes salles qui, outre des collections de pièces de monnaie de toutes les époques et de tous les pays, renferment encore des machines à frapper la monnaie, machines de tous les systèmes.

其三十

妙鼓風輪廣貨泉　滿堂忽訝雨金天
更留前法資參考　古色蒼黄數百年

造錢局名羅護尼在蓮河北岸造金銀銅錢純用機器又有大院藏法國及諸國歷古以來錢式及造錢諸器李圭遊覽隨筆記之已詳

XXXI

A l'ouest de la ville se trouve un vaste champ de course,
les tribunes sont superbes.

Les chemins qui entourent les pistes sont larges ; il y
circule de nombreuses voitures.

Les chevaux concourants sont de magnifiques bêtes,

Qui courent avec la rapidité du vent et de l'éclair.

Au nord-ouest de Paris se trouve un vaste champ de course, non loin du Bois de Boulogne. Le terrain est vaste, les tribunes sont superbes. M. le Président de la République a bien voulu mettre des voitures à la disposition des membres de la mission, nous avons pu voir des chevaux beaux comme des montures de génies. Il y avait plus de sept cent mille spectateurs à cette réunion.

其三十一

蔚芳城西戲馬臺　黃金布地導車來

驊騮出櫪驚神駿　奔電追風騁逸材

城西北競馬場即哺廬如園之外所謂馳馬埒也其地寬敞結構臺閣華麗貴監國命邀使部來觀馬皆神駿各騁逸材場中觀者士女至七萬餘人

XXXII

Sous les dynasties de Tông et de Nguyên on avait mis des billets de banque en circulation (1).
Mais ce système n'était pas aussi parfait et aussi estimable que le système moderne si répandu en Europe.
Et qui est si profitable aux transactions du commerce aussi bien qu'aux finances des gouvernements.

La Banque de France possède un capital de plus de trois miliards. Les billets sont imprimés à la machine, ils sont en circulation partout, et ont une très grande utilité pour les transactions commerciales.

(1) Dynastie de Tông ou Sâng en chinois, régna de 960 à 1280. Celle de Nguyên ou Yuên en chinois, de 1280 à 1368.

其三十二

歷求鈔務宋元初　輕重權來向覺疎
今日通行泰西法　源源黃白佐邦儲

玻璃城匯金銀大戶曰氷多坡蓄積金銀三千餘兆以機器造鈔紙交兌四布行用最廣

XXXIII

Nous voici à l'équinoxe du printemps, les jours commencent à être longs.

Dès trois heures du matin l'aube vient éclairer les verres des fenêtres.

Libre, ce matin-là, sans aucune occupation officielle,

J'ajoute une dose d'encens de plus dans le brûle-parfum.

D'après le calendrier grégorien, à partir du mois d'avril ou de mai jusqu'au mois de juillet, les jours sont longs de soixante-douze khac (division du temps en 24 heures, soit 60 pour le jour et 60 pour la nuit. Le jour, à cette époque, atteint jusqu'à 72 khac).

La mission est arrivée à Paris vers le mois d'avril. C'est alors le printemps : à cette époque, dès trois heures du matin, le jour commence à poindre.

其三十三

節屆春分日漸長　表鐘三點鏡窗光

曉天賓館無公事　爐火新添一炷香

法蘭西接大西洋海西曆四五月以後日漸長至七月晝至七十二刻使部任玖瑪城當四月爲春中早三點鐘窗光漸曙

XXXIV

Le chapitre Thuàn-diên, du *Tho-kinh* (1). parle de l'appareil de perles et du tube de pierre précieuse inventés par les anciens pour observer le mouvement du soleil.

A l'époque de Minh, l'astronomie européenne fut introduite en Chine (2).

L'Observatoire de Paris possède des instruments astronomiques d'une perfection merveilleuse.

Cependant le comput de deux calendriers, grégorien et chinois, est calculé d'après la rotation des astres autour du ciel.

L'Observatoire de Paris est un joli bâtiment de la hauteur d'au moins cinq étages. A chaque étage on voit des instruments merveilleux qui permettent d'observer la lumière du soleil, de la lune, et les formes merveilleuses des autres astres avec une précision mathématique

---

(1) Thuàn-diên, nom d'un des chapitres du livre classique *Tho-kinh*, d'après lequel, sous le règne de l'empereur Thuàn, qui régna de 2255 à 2205 avant l'ère chrétienne, on construisit des instruments astronomiques en perles et en pierres précieuses.

(2) La dynastie de Minh régna de 1368 à 1616, sous laquelle un savant européen connu en Chine sous le nom de Ly-ma-dâu avait introduit en Chine l'astronomie européenne et les notions du calendrier grégorien.

其三十四

七政璇璣帝典垂　前明西學益參推

即今儀器窮精妙　猶想周天定歲差

城中天文所爲高樓五層各列儀器愈出愈奇究心推測日月之光星體之異辨於杪忽窮極精妙然每歲中曆冬至後十日即爲西正月一日若合符節是從周天以定歲差萬古不易之法也

XXXV

Sur les lieux même où l'on extrait de la houille, s'élève une usine métallurgique.

Quelques milliers d'ouvriers y travaillent avec activité.

Le fondateur de cette usine est parvenu à une belle fortune, grâce à l'immense somme de travail d'esprit et de cœur.

Aucun personnage des livres que j'ai lus n'égale cet industriel.

Bien au sud de Paris est la ville du Creusot : les montagnes qui l'environnent renferment du fer, et non loin de là se trouvent des houillères importantes. Un français, M. Bové, avait élevé dans cette ville une grande usine métallurgique : il a fait extraire de la houille et du fer et a fait fabriquer non seulement des canons, mais encore des armures, des plaques de blindage de bateaux cuirassés, et des ouvrages en fer de tous genres ; on en voit des monceaux hauts comme des collines ; tous sont travaillés avec un art infini. Le fils de M. Bové, M. Shueïer, a pris la succession dans la direction de ces importantes forges, et chaque jour il a apporté encore des modifications et des perfectionnements. Voilà plus de 60 ans que l'usine du Creusot existe et en utilisant du fer et des houilles, sa fortune rivalise avec les plus prospères maisons du pays. Tous les jours plus de 40.000 ouvriers travaillent dans cet établissement. C'est là que les puissances étrangères même viennent sans cesse acheter des machines et du fer qui leur sont nécessaires pour de grands travaux. Le nom du Creusot est très connu en Europe ; j'ai lu des livres sur l'économie, et je n'ai pas encore trouvé un homme comme lui qui eût acquis une grande fortune d'une façon aussi rapide par son travail et par son intelligence.

其三十五

就地攻煤鐵冶興　役徒數萬日烝烝
素封累葉懸精慮　史傳看來得未曾

玻璃都城之南曰碁耶由鄉山出鐵旁近之地又産煤法國哺咽精思累年開局宅採用煤鑄鐵取用不窮造爲大礮並鐵甲巨艦及諸般鐵器積與山齊皆精鍊奇巧出人意表傳其子赤泥低登增修之至今六十餘年兼煤鐵之利以財雄鄉國司事應役常四萬餘人諸國來購者相屬名著泰西觀史傳所記如太史公貨殖傳亦未有也

XXXVI

Pour gouverner un pays il y a de tout temps certains principes immuables.

En parcourant l'histoire on voit beaucoup de différence entre la manière de gouverner de l'Europe et celle de l'Asie.

Cependant au fond il n'y a qu'une seule raison dans ce monde:

Cette raison est la même pour tous les pays.

Les institutions politiques de l'Europe diffèrent de celles de l'Asie. Mais la grande préoccupation est la même pour tous les pays. C'est de chercher à développer la prospérité matérielle et morale du peuple. Ces deux principes forment la ligne de conduite de tous les gouvernants. En développant et en examinant ces deux principes, on comprend qu'il n'y a pas deux raisons dans ce monde.

其三十六

立國由來自有經　歷觀往蹟每相形

祇憑至理渾無二　未從規矩太徑庭

泰西諸國政體制度較與東方有不同而要其治教大端養民以厚其生教民俾入於善而成其材凡其刱造理會皆出此二者而推極之則理無二也

www.ingramcontent.com/pod-product-compliance
Ingram Content Group UK Ltd.
Pitfield, Milton Keynes, MK11 3LW, UK
UKHW020331250726
13967UKWH00005B/1980